AF454745

BIBLIOTHÈQUE SPÉCIALE DE LA SOCIÉTÉ

DES

AUTEURS ET COMPOSITEURS DRAMATIQUES

FERNANDINETTE

OU

LA ROSIÈRE D'EN FACE

PARODIE EN TROIS TABLEAUX

Attribuée à feu FIRMIN DIDEROT

Représentée pour la première fois, à Paris, sur le Théâtre
du Palais-Royal, le 17 mai 1870.

PARIS

E. DENTU, ÉDITEUR

Libraire de la Société des Auteurs et Compositeurs dramatiques

ET DE

la Société des Gens de Lettres.

PALAIS-ROYAL, 17 & 19, GALERIE D'ORLÉANS.

1870

FERNANDINETTE

OU

LA ROSIÈRE D'EN FACE

PARODIE EN TROIS TABLEAUX

Attribuée à feu FIRMIN DIDEROT

Représentée pour la première fois, à Paris, sur le Théâtre
du Palais-Royal, le 17 mai 1870.

PARIS

E. DENTU, ÉDITEUR

Libraire de la Société des Auteurs et Compositeurs dramatiques
ET DE
la Société des Gens de Lettres.

PALAIS-ROYAL, 17 & 19, GALERIE D'ORLÉANS.

1870

PERSONNAGES

—

LE MARQUIS JADIS, Bien restauré...... MM. Brasseur.
MAMAN LATULIPE, Veuve de tout..... Hyacinthe.
MÉDOR , Sauveteur pour dames à
    jeun.. Luguet.
CI·RY, de la famille des Joseph......... Deschamps.
FEU PRITCHARD....................... Pellerin.
LE MAJOR............................ Laroche.
LE BRÉSILIEN....................... Ferdinand.
LE COLONEL......................... Duflost.
LE PRINCE POLONAIS................ H. Derval.
TITILDE, Veuve du grand monde....... Mmes Alphonsine.
FERNANDINETTE, crue rosière........ J. Baron.
POMARÉ............................. Bilhaut.
PAMÉLA............................. Verneuil.
PANACHE .... Sylvia.
MADAGASCAR........................ Marguerite.
DARDANELLE....................... Bérod.

Le premier tableau se passe en 1832. — Les deuxième et troisième
tableaux ne se passent pas.

FERNANDINETTE
OU LA ROSIÈRE D'EN FACE

PREMIER TABLEAU

—

LA TULIPE ORAGEUSE

Un salon, table à gauche, deux chaises, un piano au fond, deux chaises à côté, une chaise à droite. Un store face au public sur lequel es técrit : «Table d'hôte, diners à 1 fr. 75. On fait la poule et la cocotte.» Porte latérale au troisième plan. Porte au fond à droite et à gauche du store.

SCÈNE PREMIÈRE

MÉDOR, Garçons, *puis* GIVRY.

MÉDOR, *chantonnant.*

Oui, c'en est fait, je me marie. (*Les Garçons rient en le royant.*) Qu'est-ce qu'ils ont donc, ces imbéciles-là, avec leur air étonné?... Ah! j'y suis... c'est mon costume... Voulez-vous bien filer à c'te cuisine, drôles? (*Les Garçons sortent.*) (*Au public.*) Oui, messieurs, mon costume... la dernière mode de 1830... C'est celui que monsieur Lafont potait au vaudeville... jadis... dans *Léontine*, une pièce de feu Ancelot... Mais, me direz-vous, pourquoi t'habilles-tu comme monsieur Lafont, en 1830, au lieu de t'habiller comme monsieur Landrol, du Gymnase... qui s'habille si bien... dans *Fernande?*... Je vais vous conter cela... avec d'autant plus de plaisir que ça me permettra de blaguer mon directeur... Il me paye... c'est vrai... mais il ne me paye pas pour l'aimer. Alors, voilà la chose... En voyant le succès du Gymnase, mon directeur s'est dit : Je veux une parodie... C'est un homme énergique... il ne fait ni une ni deux, saute dans un omnibus et s'en va chez un auteur célèbre. Il arrive... essuie ses pieds sur le paillasson et dit à l'auteur célèbre d'une voix émue : Je voudrais une parodie de *Fernande* de tant de mètres de long sur tant de mètres de large... payé comptant sans escompte... L'auteur... célèbre plonge sa tête dans ses mains... ses mains dans un tiroir... tire des papiers timbrés et répond : J'ai mes traités avec le théâtre Saint-Pierre, avec le théâtre Déjazet, le café des Porcherons... le théâtre de la Villette; l'œuvre que vous me demandez exige de profondes études...

il faut compulser des manuscrits chinois, je ne puis pas
m'engager... mais j'ai là un petit bonhomme qui n'est pas
célèbre... pas même décoré, et qui vous troussera ça en
vingt-quatre heures. — Faites-lui envoyer par Michel Lévy
une brochure de la pièce, parce qu'il ne l'a pas vue, et il
vous fera une parodie presque aussi gaie que le drame de
Fernande, avec quelques fautes de français en plus. En
effet, au bout de deux jours, le petit jeune homme pas célèbre... et pas décoré... arrive avec son paquet... Il dé-
balle... un mètre... et il présente sa facture... Doit, le
théâtre du Palais-Royal, pour une parodie de *Léontine* sur
commande... Quelle Léontine? — C'est la brochure que
vous m'avez envoyée... On court chez Michel Lévy et tout
s'explique... La brochure de *Fernande* étant épuisée, l'in-
telligent directeur avait cru pouvoir donner à la place celle
de *Léontine*... d'abord parce que la couverture est toute
pareille, et ensuite parce que la pièce est absolument sem-
blable... Tout cela remonte à un nommé Diderot... qui a
fait une nouvelle qui a tant d'originalité, qu'on a beau y
fouiller... il y en a pour tout le monde... Entre nous, c'est
donc la pièce de *Léontine* que vous allez voir... Si nous
avons mis *Fernandinette* sur l'affiche... c'est à cause de
l'actualité... Mais tout est ancien dans cette actualité : cos-
tumes aussi, couplets aussi..... musique ancienne, car
en 1830, le maestro Offenbach n'était encore célèbre que
par son pince-nez et son embonpoint... Aujourd'hui, c'est
bien changé; d'abord il a maigri... — Et maintenant que
je vous ai expliqué pourquoi je suis costumé comme cela,
nous allons commencer sans encombre... Puissions-nous
finir de même!... (*Des Garçons entrent, ainsi qu'une
bonne; ils portent des plats garnis et traversent le
théâtre. Aux Garçons.*) Attendez.... ce n'est pas en
carton, de vrais cornichons, de vrais pieds à la poulette,
une vraie soupe à l'oignon, rien de faux dans ce théâtre que
le chignon des dames... et encore... Allez. (*Ils sortent.—
Au public.*) Médor, sauveteur pour dames et demoiselles,
rue des Martyrs, 197 ; va-t-en ville.

CIVRY, au dehors.

Garçon, garçon! (*Il entre.*

MÉDOR.

Ciel!

CIVRY.

Quoi?

MÉDOR.

Vous ?

CIVRY.

On me connait !...

MÉDOR.

Civry (Joseph), de la grande famille des Joseph ! ! !

CIVRY.

Moi-même ! un fils de famille...

MÉDOR.

Ici ?

CIVRY.

Chez maman Latulipe, — table d'hôte.

MÉDOR.

Hotte de chiffonnier ! mare aux canards ! égout ! cloaque ! purée de vicieux au choix !

CIVRY.

Je m'en fiche pas mal, si on s'amuse.

MÉDOR, *le saisissant rirement*.

Et que répondrez-vous au commissaire ?

CIVRY.

Au quart-d'œil ?

MÉDOR.

Quand il vous demandera si vous êtes parent de l'accusee ?

CIVRY.

Je répondrai...

MÉDOR.

Civry Joseph ! de la grande famille des Joseph ! des vrais !... Pas de ceux que vous croyez; non, messieurs, non. Joseph Putiphar ! noblesse de manteau !

CIVRY, *piteux*.

Oui, il y a une fichue tradition dans la famille.

MÉDOR.

Tenez, jeune homme... fuyez !

CIVRY.

Je m'esbigne.

MÉDOR, *le retenant, et changeant de ton*.

C'est vingt francs.

CIVRY.

Pourquoi ?

MÉDOR.

Pour le bon conseil.

CIVRY.

Ah !

MÉDOR, *au public.*

Je sauve aussi les jeunes gens timides dans l'occasion. (*Se présentant.*) Médor, sauveteur pour dames et demoiselles.

CIVRY.

Je n'ai qu'une pièce du pape, encore elle est en plomb. (*Il sort.*)

MÉDOR.

En chasse.

SCÈNE II
MÉDOR, TITILDE.

MÉDOR.

Ciel!

TITILDE.

Tiens! tiens! tiens!

MÉDOR.

Ma cousine!

TITILDE.

Mon cousin!

MÉDOR.

Titilde! de la grande famille des Titilde!...

TITILDE.

Veuve en rupture de ban.

MÉDOR.

Ici!...

TITILDE.

Ne serais-je pas dans une maison chique?

MÉDOR.

Maman Latulipe... table d'hôte à six heures, égout cloaque, purée de vicieux, au choix.

TITILDE, *avec joie.*

Oh! la, la! quelle chance!

MÉDOR.

Vous restez?

TITILDE.

J'ai un voile.

MÉDOR.

Je n'y pensais pas. — Et puis, ce n'est pas vous qui donneriez vingt francs pour être sauvée.

TITILDE, *avec énergie.*

Oh! non!

MÉDOR.

Au contraire.

TITILDE.

Insolent! Alors je suis dans un boui-boui où les femmes

honnêtes n'entrent pas... Ah! quel bonheur! Il me semble
que je suis ici chez moi.

MÉDOR.

Il n'entre ici que des femmes tachées.

TITILDE.

Ça se voit!

MÉDOR.

Ça se voit... pas tout de suite.

TITILDE.

Et les hommes?

MÉDOR.

Oh! les hommes! tous canailles!

TITILDE.

Ça doit être amusant.

MÉDOR.

Vous trouvez?

TITILDE.

Il me tarde de les voir!

MÉDOR.

Cousine, quand épousez-vous le petit marquis?

TITILDE.

J'y pense quelquefois... le matin; mais vous savez, les
femmes sont si occupées à Paris qu'elles négligent tout ce
qui n'est pas indispensable.

MÉDOR, *cherchant.*

Pas indispensable!... Ah! oui, oui.

TITILDE.

Cher marquis! Ce sera un mari parfait. Il était né pour
ça!

MÉDOR.

Alors, vous êtes sûre de le conserver, il est *mari-né...*
Celui-là n'est pas de moi, j'aime mieux vous le dire tout de
suite, il n'est pas de moi; j'aime mieux vous le dire tout
de suite, il n'est pas de moi. Je l'ai arrangé.

TITILDE, *avec fureur.*

Seulement...

MÉDOR, *effrayé.*

Quoi?

TITILDE.

Il est sorti de sa boîte.

MÉDOR.

Le petit marquis?

TITILDE.

Pour voir jouer *Dalila* au théâtre Montmartre.

MÉDOR.

Drôle d'idée! voir Dalila là!

TITILDE.

J'allais l'y chercher, lorsqu'en montant la rue des Martyrs mes chevaux ont marché sur quelque chose... Rassurez-vous, c'était une rosière.

MÉDOR.

Une rosière! Pristi! ça ne se trouve pas tous les jours sous les pas d un cheval!

TITILDE.

Je l'ai ramassée... Dites donc que je suis méchante, et j'ai profité de ça pour m'introduire ici dans sa famille.

MÉDOR.

C'est la fille la Tulipe!

TITILDE.

La Tulipe elle-même..

MÉDOR.

Vous venez la sauver?

TITILDE.

Oui!

MÉDOR.

On ne sauve pas sans médaille... En voici une...

TITILDE.

Merci, et vous?

MÉDOR.

Voici la mienne.

ENSEMBLE.

Oh! hasard!

    AIR : *C'est l'amour, l'amour, l'amour.*
      Le hasard, hasard, hasard
        Mène le monde
        A la ronde,
      Et nous sommes, blague à part,
        D'un monde
        De hasard.

MÉDOR.

Qui fait les dames trop volages,
Les maris pris au traquenard?

TITILDE.

Qui fait les gueux, les fous, les sages
Et les prudes? C'est le hasard.

MÉDOR.

Qui fait les hommes habiles,

Les cocottes à fracas?
TITILDE.
Dans les moments difficiles
Qui nous tire d'embarras?
REPRISE.
Le hasard, hasard, hasard, etc.
(*Trémolo violent.*)

SCÈNE III

Les Mêmes, MAMAN LA TULIPE.

MAMAN LA TULIPE, *entrant.*
Ma fille! ma fille! où est ma fille?
MÉDOR, *relevant le store.*
Rassurez-vous, elle est là... Elle prend son gloria.
LA TULIPE.
Avec le bain de pied à la rincette; ah! je respire! (*Regardant Titilde.*) Pristi! une dame de la haute dans mon brindezingue! Il ne faut pas qu'on vous voie ici... voulez-vous un paravent?
TITILDE.
Non, merci, j'ai Médor.
MÉDOR.
Je suis là.
LA TULIPE.
Une ancienne connaissance... ça me rajeunit de te revoir...

Air : *T'en souviens-tu?*
Te souviens-tu de la grande chaumière,
Du bon major et du vieux colonel?
MÉDOR.
De Pomaré, de Jenny l'ouvrière,
De feu Pritchard et de Malek-Adel?
LA TULIPE.
De Ramponneau, du rocher de Cancale,
De l'éléphant de la Bastille, et du
MÉDOR.
Bonnet à poil de la gard' nationale.
Dis-moi, ma vieill', dis-moi, t'en souviens-tu?
LA TULIPE.
As-tu déjeuné, Médor?

MÉDOR.
Je ne déjeune plus... il faut que je sois à jeun pour sau les jeunes filles. Quand je ne suis pas à jeun...

LA TULIPE.

Tu les perds.

MÉDOR.

Tais-toi, vieille drogue.

LA TULIPE, *avec une violente amertume.*

Vieille drogue!... Ah! c'est bien cela! On voit une femme à terre et on l'appelle vieille drogue. J'ai été mariée, pourtant!

MÉDOR.

Boum! voici le boniment.

LA TULIPE.

Oui, madame, mariée. Ça n'en a pas l'air... J'ai eu un vrai mari d'abord, puis après!... Voulez-vous un paravent?

TITILDE.

Merci, j'ai Médor.

LA TULIPE.

Je vais vous raconter mon histoire.

MÉDOR, *vivement.*

Non, non, non, nous la connaissons.

LA TULIPE.

Pour madame.

TITILDE.

Est-ce que ça sera gai?

LA TULIPE.

Gai!... oh! non!... Elle n'est pas amusante, mais elle est curieuse, parce que ce n'est jamais arrivé à personne. (*Titilde et La Tulipe s'assoient à la table.*) Telle que vous me voyez, je suis venue au monde avec une dent...

MÉDOR, *à part.*

De lait!...

LA TULIPE.

Et je l'ai toujours gardée, celle-là, contre la société.

MÉDOR.

Te!... Nous y sommes.

LA TULIPE.

Ah! la société! la société! Et pourtant je n'ai pas été bercée sur les genoux d'une blanchisseuse! Ma mère était veuve de deux colonels de l'Empire!

MÉDOR.

Mettons en trois.

LA TULIPE.

Mettons-en quatre.

TITILDE.

Un etat-major complet!

LA TULIPE.

Moi-même, j'avais épousé un employé de l'octroi. (*Changeant de ton, à Titilde.*) Si vous tenez à avoir un mari commode, prenez un employé de l'octroi.

MÉDOR.

Des sondeurs!

LA TULIPE.

Ils sont cloués à leurs postes, et alors... (*Reprenant son récit.*) J'étais heureuse, mais un jour...

TITILDE.

Il vous a plantée là, comme on dit chez la duchesse...

LA TULIPE.

Non, madame, non, il m'a lâchée d'un cran, puis de deux crans.

MÉDOR.

Mettons-en trois.

LA TULIPE.

Bah! mettons-en quatre.

MÉDOR.

Lâchons tous les crans.

LA TULIPE.

Le galopin!... Que faire alors? Travailler?... A quoi? Coudre, c'est bien humiliant pour une femme de coudre, depuis que les machines s'en mêlent... Faire des conférences? Ah! j'aurais fait des conférences... On est sûr au moins d'avoir un verre d'eau sucrée; mais je suis trop timide, et puis j'ai tant pleuré, que maintenant j'ai froid aux yeux; il y a des femmes qui n'ont pas froid aux yeux... Elles sont heureuses, celles-là. Moi!

TITILDE.

Vous?

LA TULIPE.

Que peut devenir, dans ce monde, une pauvre faible femme qui a froid aux yeux? Cocotte!...

MÉDOR *et* TITILDE, *se levant.*

Sainte femme!

LA TULIPE, *se levant.*

Et depuis ce temps-là je rigole. Oh! oui, je rigole.

MÉDOR *et* TITILDE.

Sainte femme!

LA TULIPE.

J'héberge des Brésiliens et des Grecs, des coquins et des coquines! ça m'amuse.

MÉDOR *et* TITILDE.

Sainte femme !

LA TULIPE.

Et j'élève ma fille... une rosière... un ange, madame...
un ange... dans ce brindezingue !

TITILDE.

Pourquoi l'y gardez-vous ?

LA TULIPE, *à Médor.*

Est-elle bête ! (*A Titilde.*) Pour la montre.

TITILDE.

Je n'y pensais pas.

LA TULIPE.

Et puis, je compte sur les jobards. (*Avec dignité.*) Car
il vient aussi chez moi des jobards, madame...

MÉDOR, *saluant.*

Je m'en vante.

VOIX DANS LA COULISSE.

Ohé ! maman La Tulipe, ohé !

TITILDE.

Qu'est-ce que c'est que ça ?

LA TULIPE.

Ce sont mes clients. (*A Titilde.*) Voulez-vous un arap-
vent ?

TITILDE.

On ne me verra pas... J'ai Médor.

MÉDOR, *relevant le store.*

Les voici : Pomaré, Panache, Madagascar, le major, le
colonel, le prince feu Pritchard, tous hommes de Pixéré-
court, rafistolés à la dernière mode. Vous allez voir comme
ils sont conservés.

SCÈNE IV

LES MÊMES, POMARÉ, PAMÉLA, PANACHE, MADA-
GASCAR, DARDANELLES, LE MAJOR, LE BRÉSILIEN,
LE COLONEL ÉTRANGER, LE PRINCE POLONAIS,
FEU PRITCHARD.

(*L'orchestre joue la quatrième figure du quadrille : la
Tulipe orageuse. Ils entrent en chantant, se mettent
en place et dansent la quatrième figure.*)

TOUS.

AIR de *la Chaumière.*
Messieurs les étudiants
S'en vont à la Chaumière.

FERNANDINETTE.

Pour danser le cancan
Et la Robert-Macaire.
Toujours, toujours,
La nuit comme le jour.
Eh! youp! piou piou tra la la la la la.

FEU PRITCHARD, *criant et dansant.*

Gard' à vos! Soyons Gymnase. (*Ils s'arrêtent tous comme par enchantement, conservent leurs attitudes. Ils prennent des airs manières prince.*)

PANACHE, *donnant un coup de pied dans la figure de Pritchard.*

Vous me pardonnerez, colonel, si je vous ai écrasé le nez, j'avais essuyé mes bottes.

PRITCHARD.

Trop flatté, belle dame... trop flatté.

PAMÉLA.

Eh bien! chère belle, vous revenez donc de Bade?

PANACHE, *jouant de l'éventail.*

Oh! Dieu! je m'y suis embêtée comme une araignée dans le plafond d'un imbécile.

POMARÉ.

Oh! cette Panache! elle a des façons de dire les choses qui vous dévissent la coloquinte.

PAMÉLA.

Dieu! que nous sommes donc Gymnase! c'est d'un comme il faut... Tiens, Médor!

TOUS.

Tiens! Médor!

PAMÉLA.

Et la santé?

MÉDOR.

Elle promène le petit.

TOUS.

Hein?...

MÉDOR.

Je veux dire qu'elle est bonne...

TOUS, *riant.*

Ah! ah! ah!

MÉDOR.

C'est un calembour... il n'est pas de moi, j'aime mieux vous le dire tout de suite, il n'est pas de moi... Je l'ai arrangé.

DARDANELLES.

Eh ben! v'là Médor qu'est sur son trente et un!...

MADAGASCAR.

T"as donc découvert le chemin de la fortune?

MÉDOR.

Oui, Madagascar, oui.

TOUTES.

Montre-le-nous, montre-le-nous, Médor! mon petit Médor!

MÉDOR, *gravement.*

Prenez à droite, prenez à gauche. (*Faisant le geste de prendre.*) Prenez partout!

TOUTES.

Bravo! bravo!

MÉDOR.

Il n'est pas de moi, j'aime mieux vous le dire tout de suite, il n'est...

POMARÉ.

Saperlipopette! voilà dix minutes que nous faisons du bon genre, c'est crevant!

TOUS.

Crevant! crevant!

TOUS.

En avant la polka! (*Ils dansent.*)

MÉDOR.

Allons, Titilde, balancez, on ne vous voit pas.

PANACHE, *toisant Titilde.*

Nom d'une pintade! plus que ça de chic!

POMARÉ, *de même.*

Mazette! en v'là une qu'a décroché la timbale!

TITILDE.

Il me semble qu'on ne m'a pas remarquée.

MÉDOR.

Vous passerez dans le tas! (*On entend les chiens.*)

FEU PRITCHARD.

C'est Fernandinette!

LA TULIPE.

Ma fille! c'est ma fille! (*Ils se mettent sur deux rangs et battent aux champs. Fernandinette arrive sur un pas lamentable.*)

SCÈNE V

LES MÊMES, FERNANDINETTE.

LA TULIPE.

Ma fille!... tu trembles! qu'as-tu?

FERNANDINETTE.

Maman, j'ai une voiture sur l'estomac, ça me pèse.

FEU PRITCHARD.

Bonjour, bichonnette. (*Elle le regarde avec dédain.
Il l'embrasse.*) Fais ton bonheur!

MÉDOR, *de l'autre côté.*

Pourquoi t'es-tu jetée sous les pieds des chevaux?

FERNANDINETTE.

Pour mourir... sans qu'on s'en aperçoive.

FEU PRITCHARD.

Et tout à l'heure, dans ta chambrette... (*Elle le regarde
avec dédain.*)

LA TULIPE, *l'examinant.*

Ciel!

TOUS.

Quoi?

LA TULIPE.

Ma fille !

FERNANDINETTE.

Maman?

LA TULIPE.

Qu'as-tu fait de la couronne?

FERNANDINETTE.

Je l'ai perdue.

LA TULIPE.

Où?

FERNANDINETTE.

Demandez à feu Pritchard.

LA TULIPE.

A feu Pritchard ! (*Pritchard se rengorge.*) Conte-nous
ça, ma fille, conte-nous ça. (*Ils se mettent tous autour de
la Tulipe et de Fernandinette pour écouter.*) Personne
n'écoute.

FERNANDINETTE.

Air *de Calpigi.*

Il est entré dans ma chambrette,
Hélas! pauvre Fernandinette!
Je crie aussitôt : « Que veux-tu? »
Le monstre n'a pas entendu.
Moi, comme la chaste Lucrèce,
Pour mieux protéger ma faiblesse,
J'avais un poignard sous la main.
Mais j' n'y, n'y, n'y...
N'y pensai que le lendemain...

TITILDE, *avec conviction.*

Ah ! je comprends bien ça...

LA TULIPE, *brandissant une chaise.*

C'est feu Pritchard !

PRITCHARD.

Il fallait bien que ce fût quelqu'un.

LA TULIPE.

Et moi qui espérais un jobard.

PRITCHARD, *tirant Fernandinette par la manche.*

Allons, Fernandinette, fais pas la bête. (*Il veut l'en-traîner.*)

FERNANDINETTE.

A moi, Médor, il m'a battue.

MÉDOR.

Je vas le casser en deux. (*Il se précipite sur Pritchard qui va lui allonger un coup de pied.*)

UN MONSIEUR, *les séparant.*

Soyez Gymnase. (*Il se met en position gracieusement. Médor lui allonge délicatement un coup de poing dans l'estomac. Feu Pritchard tombe délicatement à plat ventre. Titilde le relève.*)

MÉDOR.

Comme c'est réglé !... Le galop final !

TOUS.

Le galop final ! (*Ils sortent tous en dansant le galop final. Feu Pritchard reste seul à terre.*)

REPRISE DU CHŒUR.

Messieurs les étudiants, etc.

FIN DU PREMIER TABLEAU.

DEUXIÈME TABLEAU

—

LA COURONNE DE LA ROSIÈRE

Chez Titilde. Une énorme caisse au fond formant boîte à joujoux, avec cette inscription : « Nuremberg, pantins à remontoirs. »

SCÈNE PREMIÈRE

TITILDE.

(*Titilde entre seule, elle agite une sonnette, entrent une femme de chambre et deux valets. Elle leur parle par signes, ils répondent de même et se retirent après avoir déposé : la bonne, une chaise à droite; les deux valets, une table et trois chaises à gauche.)*

TITILDE, *au public.*

Quels meubles!... comme c'est Gymnase!... J'avais, boulevard Bonne-Nouvelle, des domestiques qui parlaient trop, je les ai remplacés par des muets. Vous serez peut-être surpris de trouver dans cette œuvre, dont le premier acte se passe au bouillon Duval... un marquis, c'est un marquis, j'aime mieux vous le dire tout de suite!... Je l'ai fait venir de Nuremberg. (*Elle remonte au fond et frappe sur la caisse.*) Il n'est pas chez lui! Absent! toujours absent!... Il se passe quelque chose?... quoi?... je me le demande?

AIR : *la Faridondaine.*

Il était gai comme un pinson,
Maintenant il me semble
Qu'il est triste comme un glaçon.
Quand nous causons ensemble,
Me trompe-t-il, le polisson ?
La faridondaine, la faridondon,
Il faut que tout soit éclairci,
Biribi,
A la façon de Barbari
Mon ami.

On entend un son bizarre de clarinette enrhumée. Il vient de rentrer... C'est sa voix, enfin!... Vous allez le voir... il est articulé!

AIR : *Fallait pas qu'il y aille.*

C'est un pantin modèle,
Un pantin comme on n'en a jamais vu,
Au bout d'une ficelle
On l' croirait suspendu.
Il mange, il boit,
Mais il ne voit
Que ce qu'on lui raconte,
Et puis on monte
Avec une clé
C' pantin perfectionné,
Cric, crac crac,
Cric, crac crac,
V'là que c'est fait,
L' tour est fait.
Il ne voit ni ne pense,
Sapristi! quelle chance!

V'à que c'est fait,
L' tour est fait,
Sapristi! quelle chance!
L' tour est fait.

(*Elle va à l'armoire. Avec agitation.*) Je vais dissimuler, je vais dissimuler, dissimulons!... (*Elle s'allonge dans un fauteuil, joue de l'éventail avec exagération et attend. L'orchestre joue.*)

Il était un petit homme,
Tout habillé de gris.

(*Le Marquis soulève le couvercle de la boîte, sort comme mû par un ressort, et s'avance en souriant vers le public.*)

SCÈNE II

TITILDE, LE MARQUIS.

LE MARQUIS, *sautillant.*

Mon ex-bien-aimée se figure que j'ai été à Saint-Flour pour les élections... laissons-la patauger. (*Haut.*) Bonjour, marquise!

TITILDE.

Ah! vous voilà, marquis, d'où venez-vous?

LE MARQUIS.

De Saint-Flour!...

TITILDE.

De Saint-Flour!... ce n'est pas vrai...

LE MARQUIS.

Ah! marquise!... pouvez-vous en douter?

TITILDE.

La preuve!

LE MARQUIS.

La preuve!... c'est très-facile de vous convaincre... (*Parlant auvergnat.*) Si je n'avais pas été à Saint-Flour, croyez-vous que je parlerais comme *cha*?

TITILDE, *à part.*

Soyons habile, je ne puis le croire... (*Haut.*) Cependant, je n'en doute pas! Depuis quelque temps j'ai l'habitude de me dire, en vous attendant: Mon Dieu! que ce cher marquis est donc emb... ennuyeux!

LE MARQUIS.

Eh bien! moi, marquise, je dis embêtante.

TITILDE.

Vraiment?

LE MARQUIS.

Ma parole d'honneur !

TITILDE.

Alors?

LE MARQUIS.

Vous me lâchez?

TITILDE, *avec effort et inquiétude.*

Je vous lâche.

LE MARQUIS, *se frottant les mains.*

Ah! que je suis content! mon Dieu! marquise, que je
suis donc content!

TITILDE, *avec rage.*

Vraiment!...

LE MARQUIS.

Tout est rompu! c'est ce que je voulais.

TITILDE, *à part.*

Il ne m'aime plus. (*D'un ton tragique.*) Tu vas me le
payer, Aglaé.

LE MARQUIS.

Dieu! marquise, comme vous prenez bien les choses!

TITILDE, *le regardant avec férocité.*

Voilà comme je les prends, moi!

LE MARQUIS.

Votre sourire m'enchante!

TITILDE.

Attends un peu, attends.

LE MARQUIS.

Vous êtes adorable, et je ne vous ai jamais tant aimée
que depuis que je ne vous aime plus. Je suis comme ça.

TITILDE.

Tendre ami!

LE MARQUIS.

Mais il y a trois ans que nous adorons, et vous savez,
toujours des bécasses!...

TITILDE.

Vous dites?...

LE MARQUIS.

Je dis : Toujours la même bécasse!

TITILDE.

Je ne peux pas me fâcher, il y met des formes.

LE MARQUIS.

On aime à varier ses plats, et je suis tombé amoureux
d'une femme honnête pour me changer... un peu...

TITILDE.

Un peu!

LE MARQUIS, *avec joie.*

Mais cette fois, Clorinde, c'est pour de bon.

TITILDE.

Pour de bon!... Tu vas me le payer, Aglaé!

LE MARQUIS.

Je vais vous conter ça, maman. Laissez-moi vous appeler maman.

TITILDE.

J'allais vous en prier...

LE MARQUIS.

Je voulais un cœur neuf! un petit cœur tout neuf! tout neuf! bien neuf! où aller le chercher?... Au théâtre Montmartre naturellement. J'entre au théâtre et je m'adresse à l'ouvreuse. Madame l'ouvreuse, lui dis-je, où logez-vous les petits cœurs neufs qui se présentent?... Elle me répond : Un peu partout, c'est au hasard de la fourchette... Je me plonge dans une baignoire, je ramène des cheveux blonds, et sous ces cheveux il y avait une femme!... Elle écoutait la comédie; une femme qui écoute la comédie, c'est si rare... Je demande à l'ouvreuse ce qu'elle est, elle me répond qu'elle est de Nanterre!... Ça me va!... mon choix était fait! dès ce moment j'étais amoureux fou... Vous comprenez cela, bonne maman, vous le comprenez.

TITILDE, *avec un rire plus féroce que jamais et tremblant de tous ses membres.*

Je suis si bonne enfant, moi.

LE MARQUIS.

Votre sourire m'enchante... seulement je n'ai jamais pu retrouver ma rosière.

TITILDE, *de même.*

Eh bien! je vous la chercherai!

LE MARQUIS.

Oh! Titilde! oh! je n'osais pas vous le demander.

TITILDE.

Pourquoi donc? (*Avec une voix de basse-taille.*) Entre hommes!

LE MARQUIS.

C'est juste!

ENSEMBLE.

AIR : de *Larifla.*

TITILDE.

Au point où nous en sommes.

LE MARQUIS.
Pourquoi diable se gêner ?

TITILDE.
Et puisqu'on est entr'hommes.

LE MARQUIS.
On peut s' déboutonner.
Larifla, fla.

LE MARQUIS.
Ciel !

TITILDE.
Quoi ?

LE MARQUIS.
C'est elle !

TITILDE.
Où ?

LE MARQUIS.
En face, en face, en face.

TITILDE.
Fernandinette !

LE MARQUIS.
Dinette ! je ne sais pas. Elle joue du mirliton. (*On entend le mirliton.*)

TITILDE.
C'est Fernandinette !

LE MARQUIS.
Dieu ! qu'elle est belle ! (*Il s'élance.*)

TITILDE.
Où allez-vous ?

LE MARQUIS.
Lui demander sa main.

TITILDE.
Déjà ?

LE MARQUIS.
Déjà... déjà... déjà ?

TITILDE
Attends, au moins. (*Elle veut le retenir.*)

LE MARQUIS.
Je ne peux pas attendre, je l'aime.

TITILDE.
Il l'aime ! ah ! traître ! canaille ! gredin ! chenapan ! Ah !
que ferais-je pour le punir ?... quelque chose d'horrible !...
je vais le marier avec la femme qu'il aime !... Attends ! attends !... je vais l'appeler. (*Elle appelle par la fenêtre.*

Psitt! psitt!... (*Fernandinette répond.*) Elle m'a comprise. (*Revenant au Marquis.*)

SCÈNE III

LES MÊMES, FERNANDINETTE.

(*Fernandinette entre timide, un carton à la main
et un volume.*)

TITILDE.

Fernandinette, vous vous appelez Rose.

FERNANDINETTE, *baissant les yeux.*

Rose! vous m'étonnez.

TITILDE.

Oui, si vous épousez monsieur.

FERNANDINETTE, *cherchant et regardant le marquis.*

Avec plaisir.

LE MARQUIS, *en extase.*

Ah! mademoiselle. vous êtes charmante. La candeur, la
vertu, l'innocence en personne.

TITILDE, *au marquis.*

Vous n'êtes donc pas allé à Saint-Flour?

LE MARQUIS.

Je vous dis que *chi.* (*A Fernandinette.*) Un bouton de
Rose!...

FERNANDINETTE.

Marquis!...

AIR : *Vous m'entendez bien.*
Oh! j'ai de la vertu tout plein.
Mais l' diable est bigrement malin,
Et quand on est novice,

LE MARQUIS.

Eh bien?

FERNANDINETTE.

On n'y voit pas malice.
Vous m'entendez bien...

LE MARQUIS.

Elle est charmante!... innocence, candeur, vertu!... Je
vais chercher mes papiers et me mrier. (*Il sort.*)

SCÈNE IV

TITILDE, FERNANDINETTE, *puis* LE MARQUIS.

FERNANDINETTE.

Il va chercher ses papiers! Ah! j'éprouve le besoin de
lui raconter tout mon petit bibelot.

TITILDE.

Non !

FERNANDINETTE.

Si je lui confiais ce petit abrégé... de mes impressions de jeune fille !

TITILDE.

Mais ce sont les aventures de Rocambole !

FERNANDINETTE.

Une simple histoire du cœur.

TITILDE.

Non !...

FERNANDINETTE.

Eh bien ! qu'il lise au moins la table des matières !... Je l'ai cornée à son intention.

TITILDE, *prenant la lettre.*

Donnez, je me charge de la remettre ! Oh ! je l'avalerais plutôt.

LE MARQUIS, *entrant.*

Voici mes papiers ! (*Il les pose sur la table.*)

FERNANDINETTE.

Marquis, le facteur vient d apporter une lettre pour vous.

LE MARQUIS.

Affranchie ?.:. Donnez.

FERNANDINETTE.

Cachons ma rougeur !

TITILDE, *lui montrant la lettre.*

La voici. C'est pour faire joujou !

LE MARQUIS.

Laissez-moi regarder l'adresse. Je regarde toujours l'adresse des lettres que je reçois, parce qu'elles pourraient ne pas être pour moi, et quand elles ne sont pas pour moi, je les lis.

TITILDE.

Celle-ci est pour vous.

LE MARQUIS.

Alors je vais la mettre dans ma poche. (*Il la met dans la poche de côté.*)

TITILDE, *minaudant.*

Ah ! marquis !... Regardez donc.

LE MARQUIS.

Quoi ?

TITILDE.

Là haut !... L'arc-en-ciel !... (*Le Marquis regarde, elle lui enlève la lettre.*) C'est fait.

FERNANDINETTE, *entr'ouvrant les mains et apercevant la lettre dans le dos du Marquis.*

Il en a plein le dos!... Il l'a donc lue! (*Avec crainte et baissant les yeux.*) Que va-t-il me répondre? (*Titilde reprend la lettre.*)

LE MARQUIS, *avec amour.*

Oh! la candeur, la vertu, l'innocence!

FERNANDINETTE, *avec joie.*

C'est-il assez... Il n'a pas compris! Allons-y! (*Au Marquis.*) Voulez-vous choisir? (*Elle ouvre son carton et lui montre des couronnes.*)

LE MARQUIS.

Dans le tas?

FERNANDINETTE.

Dans le tas!

LE MARQUIS.

Non, pas celle-ci, elle est jaune, je n'aime pas cette couleur, ce sera pour madame! (*Fernandinette lui en montre une blanche.*) Ah! oui! celle-ci!... Ça sera pour mon verre d'eau sucrée!

FERNANDINETTE.

Faut-il la mettre?

LE MARQUIS.

Certes, certes, il le faut! (*Pendant qu'elle pose la couronne il pousse des soupirs énormes.*) Qu'elle est belle! que cette femme est belle!

FERNANDINETTE, *appelant avec effroi.*

Madame.

TITILDE.

Quoi?

FERNANDINETTE.

Ma couronne ne tient pas.

TITILDE, *vivement.*

Voici une épingle.

FERNANDINETTE.

Elle va tomber! Ah! sapristi! elle va tomber. (*La couronne, en effet, fait des soubresauts énormes sur la tête de Fernandinette.*)

TITILDE.

Marquis, il faut vous marier tout de suite! Il n'est que temps.

LE MARQUIS.

Je ne demande pas mieux, mais où?

TITILDE.

Dans la chapelle du château.

LE MARQUIS.

Comme au temps de mes pères... sous Charles le Chauve.
Voici la cloche du donjon. (*Prenant la main de Fernandinette. La cloche sonne.*)

ENSEMBLE.

AIR : *Allons, chasseur, vite en campagne.*

FERNANDINETTE.

Voilà ma couronne qui danse,
Ell' va me tomber sur le front,
Ton, ton, ton, ton, tontaine, ton ton.
Mais demain matin, quelle chance !
J' pourrai l'accrocher au plafond,
   Ton, ton, tontaine, ton ton.

LE MARQUIS.

Cette couronne qui s' balance
Est un emblème, assure-t-on,
   Ton, ton, etc.
Je suis tout joyeux quand je pense
Que j' vais en être le larron,
   Ton, ton, etc.

TITILDE.

J' t'en ficherai de l'innocence,
Les cœurs tout neufs s' font en carton.
   Ton, ton, etc.
C' nigaud-là s'imagin' qu'en France
La vertu pouss' comm' le gazon,
   Ton, ton, etc.

SCÈNE V

LES MÊMES, MAMAN LA TULIPE.

TITILDE, *vexée.*

Bon !

LA TULIPE.

Il me semble que je suis assez cossue pour une veuve
de l'octroi.

LE MARQUIS.

Quelle est cette respectable personne ?

FERNANDINETTE.

C'est maman !

LE MARQUIS.

J'aurais dû m'en douter ! Quel air de distinction !... Je
suis heureux d'entrer dans une pareille famille.

LA TULIPE.

C'est ma fille!

TITILDE.

Allez-vous-en, je la marierai pendant que vous n'y serez
pas.

LA TULIPE.

Il y a une noce!... Je veux être de la noce.

LE MARQUIS, *à lui-même.*

Belle maman!... Je vais préparer mon compliment.

TITILDE, *la faisant tourner.*

Allez-vous-en!...

FERNANDINETTE.

Vous voyez bien que vous nous gênez.

LA TULIPE.

Je m'en irai après le dîner.

FERNANDINETTE.

Allez-vous en, on vous gardera un os de gigot.

LA TULIPE.

Je veux rester... na!

TITILDE.

Je vais vous escamoter comme la lettre. (*Elle la pousse
et la fait disparaître dans la caisse à joujoux.*

LE MARQUIS, *cherchant la Tulipe.*

Belle maman!... Où est-elle donc? je vais lui faire mon
compliment... Ah! la voilà!... Non... c'est Médor. (*Le
Marquis s'apprête à sortir avec Fernandinette, qui
fait des efforts énormes pour empêcher sa couronne de
gambader.*)

SCÈNE VI

LES MÊMES, MÉDOR.

MÉDOR, *entrant.*

Comment? une noce! Qui parle de noce? Et on ne m'in-
vite pas?

TITILDE.

Tout est perdu! (*A Fernandinette.*) Souffle le feu!...
(*Elle se place devant Fernandinette, et pendant toute la
scène, elle la cache à Médor en se mettant toujours devant lui quand il remue.*) Ne regardez pas la fiancée.

MÉDOR.

Pourquoi?

TITILDE.

Vous la feriez rougir.

LE MARQUIS.

Oui, oui, tu la ferais rougir. (*Venant à lui.*) Un ange,
Médor, un ange!

TITILDE, *le poussant.*

Mais allez donc vous marier, vous!

LE MARQUIS.

J'y vais. M'accompagnes-tu, Médor?

MÉDOR, *regardant sa montre.*

Ai-je le temps de prendre un bain?

TITILDE.

Ne retenez donc pas le marquis. La noce est servie.

LE MARQUIS.

Oui, oui, chaud, chaud, c'est l'affaire de cinq minutes.

MÉDOR.

Commence à te marier, je te rattraperai.

LE MARQUIS.

Alors tu arriveras au dessert!

MÉDOR.

Mais qui diable épouses-tu donc?

LE MARQUIS.

Mon ami, je ne peux pas te le dire.

TITILDE.

Entre hommes.

LE MARQUIS.

Je ne peux pas te le dire, parce que je ne le sais pas.

MÉDOR.

Tu ne connais pas la femme que tu épouses?

LE MARQUIS.

Non!

MÉDOR.

Mes compliments. Oh! ne pas connaître sa femme!
quelle chance! Je ne prendrai pas mon bain.

LE MARQUIS.

Alors partons... (*Il s'arrête et cherche des yeux.*) La
cloche de mes pères!...

AIR : *Malborough s'en va-t-en guerre.*

J'avais une bell'-mère,
Mironton, mirontaine.
J'avais un' belle-mère,
J' voudrais bien l'embrasser. (*Bis.*)

FERNANDINETTE.

Elle est partie au Caire.

TITILDE.

Mironton, mirontaine.

MÉDOR.

Pays du dromadaire.

LE MARQUIS.

Faudra donc m'en passer. (*Bis.*)

(*Il sort sur ces dernières paroles en donnant la main
à Fernandinette, toujours occupée à retenir sa couronne.*)

ENSEMBLE.

Elle est partie au Caire.

(*Médor donne la main à Titilde, ils font un mouve-
ment comme pour les suivre; Titilde l'arrête.*)

SCÈNE VII

MÉDOR, TITILDE.

TITILDE, *brusquement.*

Si nous fumions une cigarette?

MÉDOR, *changeant de ton et d'allures.*

C'est une idée... Je vais en griller une.

TITILDE.

Contez-moi donc une bonne blague.

MÉDOR.

Gaie?

TITILDE.

Que ça ne soit pas ennuyeux?

MÉDOR.

Oh! moi, je ne m'ennuie jamais quand je parle, parce
que je ne m'écoute pas. (*Prenant l'accent marseillais.*)
J'étais en Corse, quand je vais en Corse, je parle toujours
marseillais pour faire comme tout le monde; une femme qui
n'avait pas de chance avait pendu son mari pour avoir de
la corde.

TITILDE.

Oh! comme je la comprends, cette femme!

MÉDOR.

On me dit: Il te faut la défendre, je répond, je la défen-
drai, ce n'est pas difficile. Je vais au tribunal...

TITILDE, *faisant un bond.*

C'est fait.

MÉDOR.

Quoi?

TITILDE.

Ils sont mariés.

MÉDOR.

Qui?

TITILDE.

Le marquis.

MÉDOR.

Et!...

TITILDE.

Fernande...

MÉDOR.

Dinette.

TITILDE.

La maîtresse de feu Pritchard.

MÉDOR.

Horreur!

Refrain des Pompiers de Nanterre.
Le gouvernement qui fait les rosières
N' les garantit pas cont' les accidents,
J'aim' pas la vertu qui fait des manières,
Et j' plains pas les gens
Qui laissent... mettre dedans.
Zim la i la
La bonne rosière,
Zim la i la
Que cette rosière-là !

TITILDE.

Il ne sait rien, je vais tout lui dire.

MÉDOR.

Vous ne direz rien.

TITILDE.

Je dirai tout, tout, tout.

MÉDOR.

Rien! vous n'avez pas de preuves.

TITILDE.

Et cette lettre?

MÉDOR, *la lui arrachant.*

Donnez!... donnez!...

TITILDE.

Ah! vous me faites mal.

MÉDOR.

Que m'importe?... vous oubliez donc que je suis sauveteur pour dames?

TITILDE.

Je ne m'en fiche pas mal, je lui dirai tout.

MÉDOR, *furieux.*

Tu ne diras rien, vipère. (*Il l'enferme dans un appartement, elle sort par une autre porte en chantant* Zim la i la. *Médor l'enferme toujours et elle ressort immédiatement.*)

Zim la i la !
J' veux voir la rosière,
Zim la i la!
Ous qu'est c'te rosière-là.

(*La Tulipe sort en dansant et tenant le couvercle de la boîte qui la cache au public. Médor la pousse et la force à rentrer dans sa boîte.*)

MÉDOR.

La noce!... il était temps.

SCÈNE VIII

Les Mêmes, LE MARQUIS, FERNANDINETTE, *puis* **tous les personnages du premier tableau.**

MÉDOR, *voyant entrer le Marquis et Fernandinette qui dansent une bourrée.*

Ce sont des rétameurs, c'est une noce d'Auvergnats!...

LE MARQUIS.

Enfin, nous voilà mariés...

FERNANDINETTE.

Que la fête commence. Oui! rions! chantons!

LE MARQUIS.

Mes enfants, puisque vous êtes tous là... je vais vous conter une histoire... qui n'est pas une histoire, c'est plutôt un conte, et quand je dis un conte, c'est plutôt une légende... Enfin vous allez voir ce que chest.

Air nouveau de M. H. Cellot.

Ah! fouchtra,
La voilà, la voilà, la voilà
La grande
Légende
De l'Auvergnat.
Écoutez tous, écoutez cha,
C'est l'histoire d'un charbonnia.
Écoutez tous, écoutez cha.

Parlé.) Ah! mes enfants, rien que d'y pencha, il y a de quoi vous faire frissonna. Brra, brra, brra, brra.

PREMIER COUPLET.

Un Auvergnat,
De son état,
Qu'était charbonnia za Marseille,
Un jour, oui-dà,
Se pocharda,
En lichant un' fine bouteille.
Or, des marins,
Qu'étaient malins,
Le rencontrèr'nt et voulur'nt rire.
Et pour cela
On le ficha
Dedans la cale d'un navire.

Parlé.) En voilà une mauvaise plaisanterie... au fond d'une cale... rien que cha... Aussi, lorsqu'il se réveilla, il s'écria!... Mes enfants! qu'est-ce je que vas devenir, maintenant que je suis embarqua?

REFRAIN.

Ah! fouchtra. etc.
Au refrain tout le monde fait crr, crr, crr.)

DEUXIÈME COUPLET.

Le lendemàin,
Fàcheux destin,
On fit voile pour l'Amérique.
Le charbonnia
En vain cria,
On le fit taire à coups de trique.
Puis un matin!
Sacré màtin,
Ils sombrèr'nt sur une côte,
Ous qu'il parait
On dévorait
Les zhommes en guise d'entr'côte.

(*Parlé.*) C'étaient des entrepotages... autrement dit des hommes qu'étaient pas des hommes... c'étaient des sauvages; ils se mirent à manger tout l'équipage, les sergents, les caporaux et le capitaine, et l'Auvergnat ne fut pas mangea à cause de la couleur du charbonnia... on l'avait pris pour un nègre. C'estalors qu'il se dit: En voilà z'une chance, moi qui

croyais être mangea, c'hest au contraire moi qui m'en fourra
à ventre déboutonna.

REFRAIN.

Ah! fouchtra, etc.

TROISIÈME COUPLET.

On le traita
Comme un pacha,
Aussi bien qu'un grand personnage,
Même que le roi
Lui fit, ma foi,
L'offre d' sa fille en mariage.
Mais l' charbonnia
S' débarbouilla
Pour séduire la belle Hottentote.
On le r'connut;
Alors il fut
Mangea sous forme de gibelotte.

(*Parlé.*) Tout cha... c'est la coquetterie; s'il avait fait
comme nous... chil ch'était pas débarbouilla lejour de se-
noces, il lui serait pas arriva ce qui y est arriva, et il n'aurait
pas été mangea, parce qu'on l'aurait pris pour Cochinat.

REFRAIN.

Ah! fouchtra, etc.

(*Bourrée et sortie générale.*)

FIN DU DEUXIÈME TABLEAU.

TROISIÈME TABLEAU
—

LE NEZ DU MARI
SCÈNE PREMIÈRE

LE MARQUIS, TITILDE.

TITILDE, *entrant du fond.*

Arrêtez!... c'est moi!... (*Au Marquis.*) Alors tu es content?

LE MARQUIS.

Je le suis!

TITILDE.

Dejà!... Eh bien, nous allons rire un peu, mon neveu!

LE MARQUIS.

Rions!... c'est dans mon caractère.

TITILDE.

J'ai dit que j'avais trouvé ta femme rue des Martyrs.

LE MARQUIS.

Oui !

TITILDE.

Mais je ne t'ai pas dit où ?

LE MARQUIS.

Non.

TITILDE.

Eh bien! je l'ai ramassée dans le ruisseau.

LE MARQUIS

Pristi ! j'avais donc un bouchon dans l'œil. (*Il se dé-tourne et met un faux nez.*)

SCÈNE II

LES MÊMES, FERNANDINETTE.

FERNANDINETTE.

Grâce!... (*Le regardant.*) Il ne me pardonne pas, je le vois à son nez.

TITILDE.

Ah! c' pauvre marquis, quel pif qu'il a !

FERNANDINETTE.

Ah! quel nez!

LE MARQUIS.

Corbleu! madame, j'ai le nez du mari à qui l'on montre la lune en plein midi.

TITILDE, *à part.*

Voilà comme une femme se venge!

FERNANDINETTE, *au Marquis.*

Pardonnez-moi.

LE MARQUIS, *l'interrompant avec violence.*

Silence! (*Titilde se retire en boudant dans un coin et ne se mêle que par une pantomime vive et animée à la scène suivante. —A Fernandinette.*) Maintenant, mets-toi à terre, et causons.

FERNANDINETTE, *se mettant à quatre pattes.*

J'aimerais mieux m'en aller.

LE MARQUIS, *terrible.*

Combien?

FERNANDINETTE, *étonnée.*

Quoi?

LE MARQUIS.

Combien?

FERNANDINETTE, *de même, sans comprendre.*
Quoi?

LE MARQUIS.
Combien?

FERNANDINETTE, *comprenant.*
Feu Pritchard!

LE MARQUIS, *comptant sur ses doigts.*
Un...

FERNANDINETTE.
Que sais-je?

LE MARQUIS.
Deux!...

FERNANDINETTE.
Que je suis malheureuse !

LE MARQUIS.
Trois.

FERNANDINETTE, *se relevant avec vivacité.*
Pas d'autre! ah! mais! pas d'autre! (*Avec dignité.*)
Quel âge croyez-vous donc que j'ai?

LE MARQUIS.
La quantité ne fait rien à l'affaire... Remettez-vous à
terre et continuez. (*Elle se remet à terre.*)

SCÈNE III

LES MÊMES, MÉDOR.

MÉDOR, *entrant du fond.*
Une femme à terre... et je ne suis pas là.

LE MARQUIS.
Médor!... Je suis volé.

MÉDOR, *pleurant en imitant le chien.*
Je le savais !

LE MARQUIS.
Tu le savais!... et tu ne me disais pas?

FERNANDINETTE, *se relevant.*
Comment, il ne vous le disait pas?... Et ma lettre'...

TOUS, *cherchant.*
La lettre?

MÉDOR.
Ah! que je suis bête! c'est moi qui l'ai. (*Il la donne au
Marquis*)

LE MARQUIS *lit la lettre et ôte son faux nez.*
Relevez-vous, madame la marquise, et remettez votre
couronne de rosière.

FERNANDINETTE.

Il n'a plus son nez, il me pardonne!

CHŒUR.

AIR : *Bon voyage, monsieur Dumollet.*

Monsieur le marquis, l' mal est fait,
Remettez donc votre nez dans votre poche,
On n'y peut rien, le mal est fait;
Monsieur le marquis, montrez-vous satisfait.

FERNANDINETTE.

J'ai failli, mais mon mari me pardonne,
N'en parlons plus, il vient d' tout effacer;
Je peux alors me poser ma couronne,
Et me voilà prête à recommencer.

REPRISE DU CHŒUR.

Monsieur le marquis.

TITILDE.

Mais, fichtre! il est marié, le fantoche!
Et moi, je suis plus veuve qu'auparavant.
Pristi! j'ai fait une forte brioche...
Fallait s' venger du traître en l'épousant.

REPRISE DU CHŒUR.

Monsieur le marquis, etc.

MÉDOR.

Voyez un peu que de mal je me donne,
J'entre, je sors, je fais un grand sabbat,
Et puis, au fond, je ne sauve personne.
Ça surprendrait si j' n'étais avocat.

REPRISE DU CHŒUR.

Monsieur le marquis, etc.

LE MARQUIS, *au public.*

Ma femme a grand besoin qu'on lui pardonne,
Et cependant j' me montre satisfait.
Suivez, messieurs, l'exemple que j' vous donne:
Pardonnez-nous, puisque le mal est fait.

TOUS.

Messieurs, puisque le mal est fait,
Suivez un peu l'exemple qu'on vous donne :
Nous finissons, le mal est fait.
Allons, messieurs, montrez-vous satisfaits.

FIN.

1 710   Paris. — Typ. Morris père et fils, 54, rue Amelot.

A. Duru et H. Chivot musique de M. Charles Lecocq. 1 50

Les Forfaits de Pipermans, vaudeville en un acte, de MM. H. Chivot et A. Duru. 1 »

Les Gammes d'Oscar, folie-vaudeville en un acte, par M. W. Busnach, musique de M. G. Douay. 1 »

Un Gendre, comédie en 4 actes, par M. Raymond Deslandes. In-18. 2 »

La Grammaire, comédie-vaudeville en un acte, par MM. Eugène Labiche et Jolly. in-18 1 »

Les Grues, comédie en 4 actes, par Aug. Delaporte. 2 »

Un Habit par la Fenêtre, vaudeville en un acte, par M. J. Renard. 1 »

Haydée, ou le Secret, opéra-comique en 3 actes, par M. E. Scribe. Gr. in-8. 1 »

Une Histoire ancienne, comédie en un acte, par MM. Ed. About et Émile de Najac. In-18- 1 »

L'Homme aux 76 femmes, comédie en un acte, par MM. Siraudin, H. Thiéry et Bedeau. 1 »

Un Homme de bronze, comédie-vaudeville en un acte, par MM. H. Chivot et A. Duru. 1 »

L'Homme au pave, vaudeville en un acte, par M. H. Thiéry. 1 »

L'Homme de rien, comédie en 4 actes de M. Aylic Langlé. 2 »

L'Homme du Sud, à-propos burlesque, mêlé de couplets, par MM. Rochefort et A. Wolff. 1 »

L'Homme qui manque le coche, comédie-vaudeville en 3 actes, par MM. Eugène Labiche et Delacour. 2 »

L'Honneur du nom, drame en deux époques et 10 tableaux, par MM. Alp. Pagès et d'Albert, tiré du roman de Monsieur Lecoq, par E. Gaboriau. In-4. » 50

Les Idées de Beaucornet, comédie en un acte, par MM. Adolphe Belot et Siraudin. In-18. 1 »

L'Ile de Tulipatan, opéra-bouffe en un acte, par MM. Henri Chivot et Alfred Duru. 1 »

Jean la Poste, drame anglais en 5 actes et 10 tableaux, par M. Dion Boucicault, arrangé pour la scène française, par M. E. Nus. Deux éd't.
1. In-18. 2 »
2. In-4 à 2 col. » 50

Jeanne la Folle, opéra en 5 actes, par M. E. Scribe, musique de M. Clapisson. Gr. in-8. 1 »

Jeanne qui pleure et Jean qui rit, opérette en un acte, par MM. Ch. Nuitter et E. Tréfeu, musique de M. Offenbach. 1 »

La Jeunesse du roi Henri, drame historique en 5 actes et 7 tableaux, de M. P. du Terrail. In-4. » 50

La Jeunesse de Mirabeau, pièce en 4 actes, de MM. Aylic Langlé et R. Deslandes. 2 »

Un Jeune Homme timide, comédie en un acte, par M. Decourcelle. In-18. 1 »

Le Joueur de flûte, vaudeville romain, de M. Jules Moinaux, musique gauloise de M. Hervé. 1 »

Un Jour de première, comédie-vaudeville en un acte, par M. Varin. 1 »

Léonard, drame en 5 actes et 7 tableaux, par MM. E. Brisebarre et Eug. Nus. In-4. » 50

Lisez Balzac, comédie en un acte, par MM. Eug. Nus et R. Bravard. 1 »

La Loge d'Opéra, comédie en un acte, par M. Jules Lecomte. 1 »

Le Luxe de ma femme, comédie-vaudeville en un acte, par MM. H. Chivot et A. Duru. 1 »

Macbeth (de Shakspeare), drame en 5 actes, en vers, par M. Jules Lacroix, 2e édit. 2 »

Madame Pot-au-Feu, comédie-vaudeville en un acte, par MM. Varin et M. Delaporte. 1 »

Mademoiselle la Marquise, comédie en 5 actes, en prose, précédée d'un prologue, par MM de de Saint-Georges et Lockroy. In-18. 2 »

La Main leste, comédie-vaudeville en un acte, par MM. Eugène Labiche et Edouard Martin. In-18. 1 »

Le Malade au mois, pièce en un acte, avec écurie et remise, par MM. Cham et A. de Lasalle. 1 »

La Malle de Lise, scènes de la vie de garçon par M. Edouard Brisebarre. 1 »

Ma'me Maclou, folie mêlée de chant, par M. Dupin.

Marco-Spada, opéra-comique en 3 actes, par M. E. Scribe, musique de M. Auber. Gr. in-8. 1 »

Un Mari qui lance sa Femme, comédie en 3 actes, de MM. Labiche et R. Deslandes. 1 »

La Rue des Marmousets, comédie en 3 actes, de MM. Bernard Lopez et Delacour. In-18. 2 »

Les Masques, opéra-comique en 3 actes, paroles de MM. Nuitter et Beaumont, mus. de M. Pedrotti. In-18. 1 50

Les Médecins, pièce en 5 actes, par MM. E. Nus et E. Brisebarre. 2 »

Même Maison, vaudeville en un acte, par M. Jules Renard. 1 50

Ménage à quatre, vaudeville en un acte, par MM. Alfred Duru et Henri Chivot. 1 »

Les Mensonges innocents, comédie en un acte par MM. Clairville et Gastineau. 1 »

Les Mères terribles, scènes de la vie bourgeoise, en un acte, par MM. L. Chivot et Alfred Duru. 1 »

Moi, comédie en 3 actes, en prose, de MM. Eugène Labiche et Edouard Martin. 2 »

Un Monsieur qui a perdu son mot, comédie-vaudeville en un acte, de M. Jules Renard. 1 »

Monsieur boude, scènes de la vie conjugale, en un acte, par M. Delacour. 1 »

Les Mousquetaires du Carnaval, folie-vaudeville, en 3 actes, par MM. Grangé et Lambert Thiboust. 1 50

Le Mystère, comédie en un acte et en prose, par Édouard Cadol. 1 »

Une Noce sur le carré, comédie-vaudeville en un acte, par M. Jules Renard. 1 »

Ne Touchez pas à la Reine, opéra-comique en 3 actes, par MM. Scribe et G. Vaez, musique de M. Boisselot. Gr. in-8. 1 »

La Nonne sanglante, opéra en 5 actes, par MM. Scribe et G. Delavigne, musique de M. Gounod. Gr. in-8. » 60

Nos Gens, comédie en un acte, par M. Émile de Najac. In-18. 1 »

La Nuit du 15 octobre, opérette militaire en un acte, par MM. Leterrier et Vanloo. 1 »

L'Oncle Margottin, vaudeville en un acte, par M. Charles Chincholle. 1 »

On lit dans l'Akhbar..., vaudeville en un acte, par MM. A. de Jallais et William Busnach. 1 »

L'Orphéon de Fouilly-les-Oies, folie musicale en un acte par M. Marquet, airs nouveaux de M. Kriesol. 1 »

Permettez, madame! comédie en un acte, de MM. E. Labiche et Delacour. 1 »

La Pénitente, opéra-comique en un acte, par MM. Henri Meilhac et W. Busnach, musique de Mme de Grandval. 1 »

Le Petit de la rue du Ponceau, comédie mêlée

de chant. en 2 actes, de MM. Edouard Martin et Albert Monnier. 1 »

Les Petits oiseaux, comédie en 3 actes, par MM. Eug. Labiche et Delacour. 2 »

Les Petits du premier, opéra-bouffe en un acte, par M. W. Busnach, musique de M. Em Albert 1 »

Le Puits de Carnac, drame en 4 actes, par M. Ch. Dumay. 2 »

Le Pifferaro, comédie-vaudeville en un acte par MM. Siraudin, A. Duru et H. Chivot. 1 »

Le Plus Heureux des Trois, comédie en trois actes, par M. Eugène Labiche, et Edmond Gondinet. 2 »

Les Plaisirs du dimanche, pièce en 4 actes, par MM. Thiéry et P. Avenel. In-4. » 50

Le Point de mire, comédie en 4 actes, par MM. Labiche et Delacour. 2 »

Le Premier pas, comédie en un acte, par MM. Labiche et Delacour. 1 »

Premier prix de piano, comédie-vaudeville en un acte, par MM. Labiche et Delacour. 1 »

Procedure et Cavalerie, vaudeville en un acte de MM. H. Chivot et Alfred Duru, airs nouveaux de M. Richard. 1 »

Les Projets de ma Tante, comédie en un acte, en prose, par M. Henri Nicolle. 2e edit. 1 »

Le Petit-Voyage, pochade en un acte, p. M. Eugène Labiche. In-8. 1 »

Un Pied dans le crime, comédie-vaudeville en 3 actes, par MM. Eugène Labiche et Adolphe Choler. In-18. 2 »

Au Pied du mur, comédie en un acte, par M. E. de Najac. In-18. » 60

La Pupille d'un viveur, pièce en un acte, par MM. Lefranc et Decourcelle. In-18. 1 »

Les Rentiers, scènes de la vie bourgeoise, en 5 actes, par M. Edouard Brisebarre. In-18. 1 »

Le Rajah de Mysore, opérette bouffe en un acte, par MM. A. Duru et H. Chivot. 1 »

Les Relais, comédie en 4 actes, et en prose, par M. L. Leroy. 2 »

Retiré des affaires, comédie en deux actes, par MM. Ed. About et E. de Najac. In-18. 1 50

Rienzi, opéra en 5 actes, paroles et musique de Richard Wagner, traduction française de MM. Nuitter et Guillaume. In-18. 1 »

La Revanche de Candaule, opéra-bouffe en un acte, de MM. H. Thiéry et Paul Avenel, musique de M. Debillemont. 1 »

Sacripant, opéra-comique en 2 actes, paroles de M. Philippe Gilles, musique de M. Jules Duprato. In-18. 1 »

Les Sabots d'Aurore, comédie en un acte, par MM. Raymond Deslandes et William Busnach. In-18. 1 »

La Saint-François, comédie en un acte, en prose, par madame Amélie Perronnet. In-18. 1 »

Salvator Rosa, drame en 5 actes et 7 tableaux par M. Ferdinand Dugué. Gr. in-8 anglais 3 »

Ces Scélérates de bonnes, vaudeville en 3 actes, par MM. Laurencin et Mic. Delaporte. 1 »

Le Sommeil de l'innocence, comédie-vandeville en un acte, par MM. Varin et M. Delaporte. 1 »

Spartacus, vaudeville en un acte, de M. Charles Nuitter. 1 »

La Source, ballet en 3 actes et 4 tableaux, de M. Charles Nuitter, chorégraphie de M. Saint-Léon, musique de MM. Minkous et Leon Delibes. In-18. 1 »

Un Tailleur pour Dames, comédie-vaudeville en un acte, par M. J. Renard. 1 »

La Tante Honorine, ou les Espérances, comédie en 3 actes, par MM. Alfred Duru et H. Chivot. 2 »

Un Ténor pour tout faire! opérette en un acte, MM. Varin et Michel Delaporte, mus. de M. V. Robillard. 1 »

Les Treize, drame en 5 actes et 6 tableaux, tiré du roman de Honoré de Balzac, par MM. Ferdinand Dugué et G. Peaucellier. In-18. 1 50

Les Trente-sept Sous de M. Montaudoin, comédie vaudeville en un acte, de MM. Labiche et E. Martin. 1 »

Les Tribulations d'un témoin, pièce en 3 actes, par M. Adrien Decourcelles. In-18. 1 50

Trois Hommes à jupons ou l'amour et la teinture vaudev. en un acte, par M. Carmouche. 1 »

Les Trous à la Lune, scènes de la vie parisienne en 4 parties, par MM. E. Brisebarre et E. Nus. 1 »

Les Truffes, comédie en 4 actes, mêlée de chant par MM. Ed. Martin et Alb. Monnier. 1 »

Les Vacances de Cadichet, vaudeville en un acte, par MM. Commersou et Henri Normand. In-18. 1 »

La Veuve Beaugency, comédie-vaudeville en un acte, par MM. H. Chivot et A. Duru. 1 »

La Vieillesse de Brididi, vaudeville en un acte, de MM. A. Choler et Henri Rochefort. 1 »

Les Virtuoses du Pavé, bouffonnerie musicale en un acte, par M. William Busnach, mus. de M. A. Léveillé. » 60

Le Voyage en Chine, opéra-comique en 3 actes, par MM. Eug. Labiche et Delacour, musique de M. F. Bazin. 1 »

Le Vrai courage, comédie en 2 actes, par MM. Belot et Raoul-Bravard. 1 »

La Vie de château, folie-vaudeville en 3 actes, par MM. Chivot et Duru. In-18. 2 »

V'là le Général, folie vaudeville en un acte, par MM. Siraudin et Gaston Marot. 1 »

Le Wagon des Dames, comédie en un acte, par MM. Clairville et O. Gastineau. In-18 1 »

Yvonne, opéra comique en 3 actes, par M. Scribe, musique de M. Limnander. Gr. in-8. 1 »